RHYMESET® by Claudia

Gereimte motivierende und inspirierende Affirmationen

von

Mag. Claudia Schmuck

Für ein positives Mindset

und ein glückliches, erfülltes und erfolgreiches Leben!

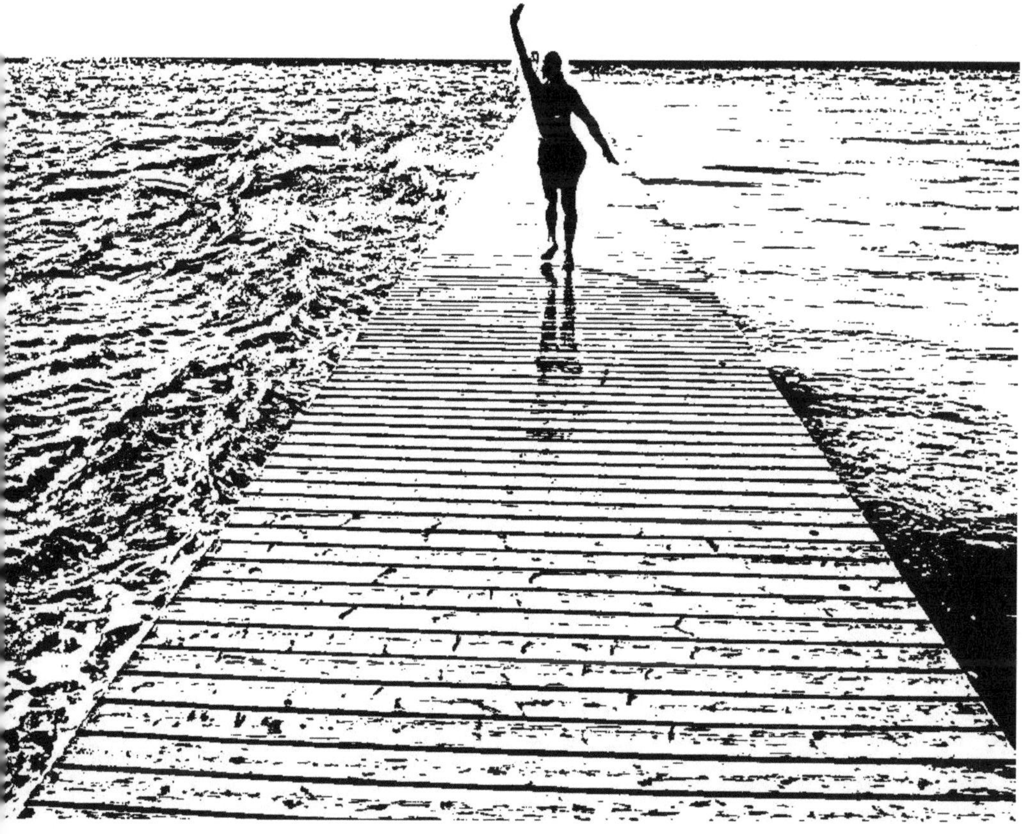

RHYMESET® by Claudia

Gereimte motivierende und inspirierende Affirmationen

von

Mag. Claudia Schmuck

Für ein positives Mindset
und ein glückliches, erfülltes und erfolgreiches Leben!

Ich liebe es zu reimen,

Ja, dichten ist mein Ding!

Mit RHYMESET® Affirmationen,

Krieg ich ein großartiges Mindset hin!

Verlag: BoD · Books on Demand GmbH
Überseering 33,
22297 Hamburg,
bod@bod.de
Druck: Libri Plureos GmbH, Friedensallee 273, 22763 Hamburg
ISBN: 978-3-7693-8883-1

Coverfoto: Liam Schmuck
Covergestaltung: Mag. Claudia Schmuck
Layout: Michael Horninger
Korrektorat: Stefan Schmuck-Horninger
Instagram: WORDSfromCLAUDIAwithLOVE
Foto Mag. Claudia Schmuck: Inge Streif Photography

RHYMESET* by Claudia – WORDS from CLAUDIA with LOVE
Für ein positives Mindset und ein glückliches, erfülltes und erfolgreiches Leben!

Danke

Ich möchte mich bei meinem Sohn Cai bedanken,
Der sein Leben lebt, so wie er es will,
Voll von Abenteuern, neuen Herausforderungen,
Leidenschaftlich, engagiert und unkonventionell!

Ich danke meinem Sohn Liam dafür,
Mir immer wieder lehrreiche Literatur vorzustellen,
Und mir jeden Tag voller Liebe, guter Laune,
Und mit seiner wundervollen Art zu erhellen!

Meinem Mann Stefan möchte ich für seine Hilfe danken,
Und für seinen Beitrag, auch bei technischen Belangen,
Für seine Liebe, sein Vertrauen und seinen Glauben an mich,
Und dafür, mir zu helfen, an mein Ziel zu gelangen!

Ich danke meinen Kollegen und Freunden,
Mich in meinem Tun zu bestärken,
Mir hilfreiche Ratschläge zu geben,
Und für ihre Unterstützung beim Netzwerken!

Ein Dank gilt allen Autoren, deren Werke ich las,
Dafür mich zu bilden und zu inspirieren,
Und dabei an meine Kreativität, mein Selbstbewusstsein
Und an meinen Mut zu appellieren!

Danke, an meine Familie, Freunde und Kollegen,
Dass ich Euch in meinem Leben habe,
Dass ihr an mich glaubt,
Und an meine Gabe!

Vielen Dank auch an meine Leser, dass ihr mich gefunden,
Und mit mir verbringen möchtet, ein paar wundervolle Stunden!

RHYMESET® by Claudia - WORDS from CLAUDIA with LOVE
Für ein positives Mindset und ein glückliches, erfülltes und erfolgreiches Leben!

Inhaltsverzeichnis

RHYMESET° by Claudia – WORDS from CLAUDIA with LOVE
Für ein positives Mindset und ein glückliches, erfülltes und erfolgreiches Leben!

RHYMESET° by Claudia – WORDS from CLAUDIA with LOVE
Für ein positives Mindset und ein glückliches, erfülltes und erfolgreiches Leben!

WORDS
from
CLAUDIA
with
LOVE

Vorwort

Ich kann nicht alles kontrollieren,
Sehr wohl aber, wie ich darüber denke,
Worauf ich meine Prioritäten lege,
Und wohin ich meine Aufmerksamkeit lenke!

Ich kann gewinnen,
Durch reines Denken schon,
Wenn mein Geist stärker ist,
Als die Emotion!

Ein positives Mindset,
Liebevolle Gedanken und Dankbarkeit,
Sind gut für Körper, Geist und Seele,
Und ist das Geheimnis der Langlebigkeit!

Glücklich oder unglücklich zu sein,
Ist eine Entscheidung, die ich selber treff!
Denn ich bestimme über meine Gedanken,
Ich sag wo's lang geht, ich bin der Chef!

WORDS
from
CLAUDIA
with
LOVE

Warum RHYMESET® mein Leben verändert

Gedanken erzeugen,
Wie wir uns fühlen und uns verhalten,
Bestimmen unsere Sichtweise,
Und wie wir unser Leben gestalten!

Der Umkehrschluss,
Bedeutet was?
Wer glücklich sein will,
Der denkt sich das!

Mit RHYMESET® by Claudia,
Man höre und staune,
Gelingt das ganz leicht,
Denn RHYMESET® macht Laune!

Ich erschaffe meine Realität,
Mit meinem Denken,
Um mir ein positives Mindset,
Und ein wundervolles Leben zu schenken!

Ich gestalte mir ein farbenfrohes Lebensbild,
Male weit über die Ränder hinaus!
Ich erblühe selbst mitten im Winter,
Zum allerschönsten Blumenstrauß!

Und erschaffe mir mit RHYMESET®,
Meine kunterbunte Welt!
Genau wie bei Pippi Langstrumpf,
So wie sie mir gefällt!

RHYMESET® by Claudia – WORDS from CLAUDIA with LOVE
Für ein positives Mindset und ein glückliches, erfülltes und erfolgreiches Leben!

Eine wahre Geschichte, von der ich hier dichte!

Als ich eine junge Frau war,
War ich um einiges zu dick!
Ich gefiel mir nicht, war unglücklich,
Doch keine Diät schaffte den Trick!

Ich machte beispielsweise die „Dreitageskur",
Aß nur Würstchen, Bananen und Eier!
Die Diät mit Milch und Semmeln auch,
Sie nannte sich damals kurzum „Mayr"!

Die Diäten waren jedes Mal ein Graus,
Doch drei Kilos gingen runter im Nu!
Kaum aß ich wieder „normal",
Nahm ich fünf Kilo ganz rasch wieder zu!

Keine Diät half,
Und ich wurde immer mehr!
Mein Selbstmitleid stieg,
Und mein Gewicht ging einher!

Dann bekam ich ein Buch,
Es hieß „Denke Dich Schlank",
Welches stand lange Jahre,
Im Regal, ober dem Fernsehschrank!

Wenn ich es da so sah, dachte ich mir,
Wie sollte das nur funktionieren?
Allein durch die Gedanken,
Gewicht zu verlieren?

Ich erlag also meinem Schicksal,
Dachte, ich werde eh nie schlank sein!
Und stopfte weiterhin,
Nur Bullshit in mich rein!

Das Buch las ich nie,
Ich gebe es zu!
Doch allein der Titel,
Ließ mir keine Ruh!

Da wurde es mir eines Tages klar,
Wie die Sache funktioniert!
Denn wer denkt, er sei schlank,
Keinen Bullshit konsumiert!

Wer denkt, er sei fit,
Der bewegt sich auch gern!
Ernährt sich gesund,
Und hält sich von allem anderen fern!

Also dachte ich um,
Kaufte mir Sportsachen!
Begann mich zu bewegen,
Anstatt auf Selbstmitleid zu machen!

Und so gelang es mir schnell
Mich schlank zu denken!
Und mit meinem neuen Selbstbild,
Mein Leben in neue Bahnen zu lenken!

Aus Selbstmitleid, Hilflosigkeit,
Und dem ewigen Katzengejammer,
Wurden Selbstbewusstsein und Energie,
Und ein Body – der ist der Hammer!

Auf das Selbstbild kommt's an,
Und auf das, wie Du denkst!
Denn das erschafft Deine Realität,
Und Handlungen, die Du selbst lenkst!

RHYMESET° by Claudia – WORDS from CLAUDIA with LOVE
Für ein positives Mindset und ein glückliches, erfülltes und erfolgreiches Leben!

Meine positive mentale Grundhaltung

Ich bin gesund, ich bin glücklich,
Und voller Liebe auch!
Das Leben schenkt mir alles,
Was ich brauch!

Ich seh gut aus,
Ich bin aktiv,
Bin perfekt so wie ich bin!
Das Universum hat nur Gutes,
Für mich im Sinn!

Das Gute fließt zu mir,
Ganz mühelos!
Und die Liebe in meinem Leben,
Ist riesengroß!

Meine Familie ist glücklich,
Gesund und sicher, so wie ich!
Darum passiert auch ihnen,
Nur Gutes sicherlich!

Ich bin dankbar für alles Gute,
Was ich habe!
Für Liebe, Gesundheit, Familie, Freunde, ...
Und für meine Gabe!

Ich bin dankbar,
Ich bin froh,
Dass ich mein Leben lebe,
Ganz genau so!

Ich denke mich schlank, schön und glücklich

Meine Beine sind schlank,
Meine Arme auch!
Mein Busen ist prall,
Die Taille schmal,
Flach ist der Bauch!

Mein Popo ist knackig,
Meine Haut ist wunderschön!
Ich liebe es,
Mich in den Spiegel zu sehen!

Mein Haar ist kräftig,
Seidig glänzend und gesund!
Meine vollen Lippen,
Umrahmen freundlich meinen Mund!

Meine Zähne sind weiß,
Meine Augen sehen toll!
Meine Ohren hören alles,
Was ich hören will und soll!

Ich liebe jede Zelle,
In meinem Körper drin!
Ich freue mich des Lebens,
Und wie glücklich ich doch bin!

Ich bin sportlich, aktiv,
Und voller Tatendrang!
Mit meinen positiven Gedanken,
Zieh ich an einem Strang!

RHYMESET° by Claudia – WORDS from CLAUDIA with LOVE
Für ein positives Mindset und ein glückliches, erfülltes und erfolgreiches Leben!

Ich kann schaffen, was ich will

Ich kann machen,
Ich kann schaffen,
Alles, was ich will!
Egal wie groß,
Ist auch noch das Ziel!

Mein Herz ist offen und bereit,
Alles Gute zu empfangen,
Um noch viel mehr von alledem,
Zu erlangen!

Ich frage mich nie,
OB ich etwas kann!
Sondern frage nach dem WIE,
Und arbeite daran!

Ich wage es, in den Augen so mancher
Auch mal unvernünftig zu sein!
Denn nur so,
Wird das Außergewöhnliche mein!

Ich bin voller Energie,
Bin in meiner Kraft!
Und unendlich dankbar,
Was ich schon geschafft!

Mit Stolz blick ich zurück,
Und mein Herz, das lacht!
Denn es ist einfach großartig,
Wie weit ich hab's gebracht!

RHYMESET° by Claudia – WORDS from CLAUDIA with LOVE
Für ein positives Mindset und ein glückliches, erfülltes und erfolgreiches Leben!

Meine Ziele erreichen

Jeden Abend frag ich mich,
Hab ich heute alles getan,
Damit ich meine Ziele,
Auch erreichen kann?

Kann ich morgen etwas besser machen?
Das frage ich mich dann!
Und mach's morgen einfach besser,
Das ist mein Plan!

Ich lasse Blockaden los,
Öffne mich für neue Möglichkeiten!
Lasse Veränderung vertrauensvoll zu,
Und werde neue Wege beschreiten!

Und wenn ich dann merke,
Auf mich ist Verlass!
Macht der Weg zum Ziel,
Sogar richtig Spaß!

Durch diese neue Sichtweise,
Auf all meine Möglichkeiten,
Kann ich mir mein Leben,
So wie ich es will bereiten!

Ich bin dankbar für mein Leben,
Für alles, was ich geschafft!
Und frag mich welcher Gedanke,
Es vielleicht noch besser macht!

Bewegung als Antwort für Schmerzen

Wenn Schmerzen kommen,
Lass ich sie gehen, ich lasse sie fließen!
Denn ich möchte mein Leben,
Ganz ohne sie genießen!

Ich bewege mich und dehne mich,
Gib den Schmerzen keine Macht!
Und vertraue auf die Übungen,
Von Liebscher und Bracht!

Wenn mich der Rücken,
Oder die Hüften schmerzend plagen,
Haben auch Yoga und Body Art,
Antworten auf viele Fragen!

Morgendliche Workouts,
Stehen bei mir täglich am Plan!
Ich dehne und ich kräftige,
Und springe – just for fun!

Ein, zwei Stunden lang,
Geh ich später durch den Wald!
Egal ob es warm ist,
Oder bitterkalt!

Bewegung macht den Kopf frei,
Beugt Krankheiten vor!
Schmiert die Gelenke, hält mich fit,
Und holt das Beste in mir hervor!

Wissbegierig und offen

Ich bin offen,
Für was Neues,
Möchte ganz viel lernen!
Bin neugierig und mutig,
Und greife nach den Sternen!

Ich sag „Ja" zu mir,
Ich sag „Ja" zum Leben,
Und will immer nur,
Mein Bestes geben!

Alles, was ich brauche,
Ist bereits in mir drin!
Ich steh mir nicht im Weg,
Und geb meinem Leben neuen Sinn!

Ich baue mir mein eigenes,
Solides Gedanken-Fundament!
Und bin mein ganz persönlicher,
Gedanken-Disponent!

Ich frage mich nach jeder Begegnung,
Was ich mir davon mitnehmen kann!
Was kann ich daraus lernen?
Wie wachse ich daran?

Ich bin stark und mutig,
Lerne ständig dazu!
Wachse immer weiter,
Schlechte Gedanken sind tabu!

RHYMESET° by Claudia – WORDS from CLAUDIA with LOVE
Für ein positives Mindset und ein glückliches, erfülltes und erfolgreiches Leben!

Ich habe die Zügel in der Hand

Gedanken sind wie wilde Pferde,
Wollen stets davongaloppieren!
Die Zügel fest im Griff zu halten,
Gilt es täglich zu trainieren!

Denn ich allein entscheide,
Die Richtung meiner Wege!
Indem ich mein positives Mindset,
Kontinuierlich pflege!

Mit Rhymeset®-Affirmationen,
Gelingt mir das!
Denn sie sind leicht zu merken,
Und machen Riesenspaß!

Ich lasse mich nicht von Dingen stressen,
Die außerhalb meiner Kontrolle liegen!
Denn die eigenen Gedanken darüber,
Würden meine gute Laune besiegen!

Fühle ich mich unglücklich,
Ich mich wieder darauf besinn,
Für was ich alles dankbar,
In meinem Leben bin!

Wenn ich unsicher bin,
Und Zweifel mich plagen,
Zähle ich meine Erfolge auf,
Und höre „Bravo" zu mir sagen!

Ich trage Liebe im Herzen

Ich gehe durch das Leben,
Offen und bewusst,
Mit einem liebevollen Herzen,
Das schlägt in meiner Brust!

Negative Gedanken,
Rauben mir nur Energie!
Sie in positive zu verwandeln,
Ist meine Strategie!

Mit einem liebenden Herzen,
Und einem Lächeln im Gesicht,
Hat man auf so Vieles,
Eine gänzlich andere Sicht!

Auch meine Augen sagen,
„Ich liebe Dich!"
Und zaubern meinem Gegenüber,
Ein Lächeln ins Gesicht!

Ich gehe mit Liebe in meinem Herzen,
Durch mein Leben!
Und versuche nur das Gute zu sehen,
In allem und jedem!

Mit Liebe in meinem Herzen,
Vertraue ich darauf,
Dass Respekt, Toleranz und Liebe,
Macht viele Türen auf!

Die Magie der Worte

Gedacht oder gesprochen,
Das Wort hat so viel Macht!
Es bewirkt, ob man traurig ist,
Oder vor Freude lacht!

Es erzeugt Emotionen,
Jeglicher Art!
Ärger, Wut oder Angst,
Sind dann oft am Start!

Aber nur, wenn wir dies zulassen,
Und den Worten Glauben schenken,
Den Gedanken verfolgen,
Und die Aufmerksamkeit darauf lenken!

Denn auch Freude und Glück,
Können Worte bewirken,
Wenn wir uns selbst,
Und andere bestärken!

Darum wähle ich weise meine Worte,
Die ich sage und die ich denke,
Damit ich mir und anderen,
Nur Positives schenke!

Eine besondere Macht,
Hat das Gesagte auch dann,
Wenn man zu seinem Wort steht,
Und sich auch hält daran!

Ich will ein guter Freund und Partner sein

Ich will ein Freund und Partner sein,
Der sich für den anderen freut!
Ihn bei seinen Erfolgen feiert,
Ganz ohne Neid!

Möchte jemand sein,
Der da ist und der rennt,
Wenn der Hut,
Bei dem anderen Mal brennt!

Ich will emphatisch sein,
Zuhören und verweilen!
Will begeistern, wenn es gewünscht ist,
Mein Wissen gerne teilen!

Will hilfreiche Antworten geben,
Wenn diese sind gefragt!
Dabei die Vielschichtigkeiten akzeptieren,
Und das, was der andere sagt!

Ich bin wertschätzend,
Und liebevoll,
Verlässlich, voller Vertrauen,
Und verständnisvoll!

Denn das bedeutet,
Ein guter Freund und Partner zu sein!
Egal ob bei Regen,
Oder bei Sonnenschein!

Ich überwinde Ängste

Ich überwinde meine Ängste,
Und traue mir was zu!
Träume und Ziele zu realisieren,
Schaff ich so im Nu!

Ich wandle meine Ängste,
Einfach um!
In Mut und ganz viel Zuversicht,
Denn ich hab Mumm!

Ängste sabotieren mich,
Sie halten mich nur auf!
Fördern Sorgen und Leid,
Und stoppen meinen Lauf!

Ich bin nicht gewillt,
Dass Ängste mein Tun bestimmen!
Lasse Vertrauen und Optimismus,
Und den Glauben an mich gewinnen!

Mein Unterbewusstsein,
Programmiere ich einfach um!
Und stelle angstvolle Gedanken,
Aus oder auf „Stumm"!

Es ist meine Einstellung,
Die mich ausmacht!
Die aus einer Mücke eben nur eine Mücke,
Oder einen Elefanten macht!

Die richtigen Fragen stellen

Ich stelle mir nur Fragen,
Die mir positive Antworten geben!
Gestalte damit meine Realität,
Und so mein schönes Leben!

Denn die richtigen Fragen,
Lenken meine Aufmerksamkeit,
Auf alles erdenklich Gute,
Und geben Selbstsicherheit!

Das führt zu Überzeugungen,
Der positiven Art!
Und einem neuen Selbstbild,
Das Wunder offenbart!

Die Energie folgt der Aufmerksamkeit,
Drum bin ich sehr achtsam,
Worauf ich den Fokus lenke,
Und finde darin Chancen und Potential!

Wenn die falschen Fragen kommen,
Und ich es merke, weil ich traurig bin,
Ändere ich die Frage und den Gedanken,
Denn glücklich sein macht Sinn!

Ich finde es genial,
Dass nur ich entscheide,
Ob meine Fragen mich erfreuen,
Oder ich unter ihnen leide!

Ich nehme nichts persönlich

Menschen und Umstände kann ich nicht ändern,
Doch sie tun mir nicht weh!
Denn ich allein entscheide,
Wie ich sie seh!

Ich nehme nichts persönlich,
Suche die Kommunikation!
Und stelle klare Fragen,
Vermeide so Missgunst und Argwohn!

Worte können mich nicht verletzen,
Denn ich bestimme wann,
Ich sie ganz einfach zurückweisen,
Oder dankend annehmen kann!

Ich nehme nichts persönlich,
Denn das würde bedeuten,
Dass mein Lebensglück,
Abhängig ist von anderen Leuten!

Ich nehme nichts persönlich,
Egal was auch geschieht!
Denn ein jeder seine Wahrheit,
Durch seine Augen sieht!

Wenn ich nichts persönlich nehme,
Bin ich auch nicht angreifbar!
Muss mich nicht verteidigen,
Und fühl mich ganz wunderbar!

Ich ärgere mich nicht

Ich ärgere mich nicht,
über Kleinigkeiten!
Denn ich lasse nicht zu,
Dass sie mir schlechte Laune bereiten!

Lasse mir von niemandem,
Die Stimmung vermasseln,
Nur weil manche Menschen,
Unbedachtes quasseln!

Ich nehme ihre giftigen Worte,
Niemals persönlich!
Lasse sie bei ihrem Sender,
So vergiften sie nicht mich!

Nichts, was andere machen,
Hat je mit mir zu tun!
Drum ist's egal, was sie sagen,
Es kann mir nicht wehtun!

Ich streite nicht, denn,
Ein jeder darf denken, was er will!
Auch wenn ich anderer Meinung bin,
Bin ich doch lieber still!

Denn beim Streit geht's oft nur darum,
Recht zu behalten!
Dabei könnte man den Moment,
Viel schöner gestalten!

Eine absolute Wahrheit gibt es nicht

Jede Meinung kommt von dem,
Was jeder gelernt!
Von der Wahrheit ist das nur zu oft,
Meilenweit entfernt!

Die vermeintliche Wahrheit,
Ist doch nur ein Konstrukt!
Ein von den Erfahrungen des Einzelnen,
Erschaffenes Produkt!

Eine absolute Wahrheit,
Die wird es nicht geben!
Das zu akzeptieren,
Erleichtert das Leben!

Auch Lügen können,
Nur dann überleben,
Wenn wir diese glauben,
Und so erhalten am Leben!

Ich glaube eine Wahrheit,
Die wie ein Freund zu mir hält!
Und erschaffe meine Realität,
Die mir gut tut und mir gefällt!

Denn eines ist,
Mit Bestimmtheit wahr!
Derjenige glücklich ist,
Dessen Gedanken sind friedvoll und klar!

Ich handle – Ich bin aktiv

Ich steh früh auf, ich mache Sport,
Ich bade oder dusche eiskalt!
Ich trainiere meinen Körper,
Und gehe durch den Wald!

Fünf Mal die Woche geh ich tanzen,
Zu Hippmann ins „Dance it"!
Mache Yoga und geh in Body Art,
Das macht Spaß und hält mich fit!

Ja, ich bewege mich täglich,
Weil ich es möchte und nicht muss!
Und die pure Lebensfreude,
Sprüht in mir im Überfluss!

Ich bilde mich und lese viel,
Ich investiere in mich!
Neu gelerntes umzusetzen,
Darauf fokussiere ich mich!

Jeden Tag schreibe ich,
An meinem Projekt!
Meinem Traum komm ich so näher,
Und fühl mich gut – welch ein Effekt!

Durch die Art, wie ich denke,
Ich erst entscheide,
Welchen Weg ich gehe,
Und welche ich vermeide!

Rituale und Gewohnheiten

Gute Gewohnheiten und Rituale,
Fange ich mir an!
Ziehe so meine Träume,
In meinem Leben an!

Beständigkeit ist das,
Was mich ausmacht,
Mich selbst zu überlisten,
Und zu übernehmen die Macht!

Denn ich bin der Chef,
Meiner Gedanken-Qualität!
Bestimme, was ich denke und tue,
Und erschaff so meine Realität!

Hingebungsvoll und leidenschaftlich,
Sauge ich die mir bietenden Erfahrungen auf!
Wachse mit den Herausforderungen,
Und bin gut drauf!

Gute Gewohnheiten,
Bringen mich weiter,
Stück für Stück!
Schlechte Gewohnheiten,
Werfen mich wieder zurück!

Mit guten Gewohnheiten,
Investiere ich in mein künftiges ICH!
Und erschaffe so meine Zukunft,
Und bin stolz auf mich!

Ich hab's in der Hand

Auch wenn eine Stimme in mir sagt,
„Heute musst Du nichts machen!"
Helfen motivierende Rhymesets*,
Tägliche Bewegung dennoch zu schaffen!

Ich treffe Vereinbarungen mit mir,
Die für mich passen!
Erweisen sie sich als überholt,
Werde ich neue verfassen!

Geht es mir also schlecht,
Weil ich alten Gedanken Glauben schenke!
Mach ich mir das bewusst,
Und eine neue Wahrheit denke!

Denn die gute Nachricht ist,
Ich hab's in der Hand!
Bin in jeder Sekunde,
Mein Gedanken-Lieferant!

Ich bin die einzige,
Die meine Gedanken ändern kann!
Dienen sie mir nicht mehr,
Häng ich nicht stur daran!

Meine Gedanken gehören mir allein,
Niemand anderer kann sie für mich denken!
Lass mich nicht manipulieren,
Will sie in die richtige Richtung lenken!

Disziplin und Konsequenz

Ich hab ein konkretes Ziel,
Und einen guten Plan!
Weiß genau was ich will,
Und wie ich's erreichen kann!

Disziplin ist die Brücke,
Von meinem Traum zum Ziel!
Ist es auch oft hart,
Durch sie erreich ich, was ich will!

Disziplin ist,
Wie ein Trampelpfad!
Mit der Zeit geht sich's dort leichter,
Nur am Anfang ist es hart!

Dabei muss ich mich,
Auf mich verlassen können!
Und die Verantwortung,
Über meine Handlungen übernehmen!

Konsequenz und Unbeirrbarkeit,
Sind es, die den Erfolg bringen!
Dranzubleiben, nicht aufzugeben,
Und wenn es sein muss, von vorne zu beginnen!

Jeden Tag bin ICH es,
Versus meine Ausreden!
Mit meinen positiven Rhymesets*,
Bin ICH den Ausreden überlegen!

Ich bin mein eigener Cheerleader

Ich bin mein größter Fan,
Mein eigener Cheerleader will ich immer sein!
Mich anfeuern, bejubeln,
Und mich für mich freuen!

Mich motivieren,
Mich bewundern,
Tag für Tag!
Weil ich den Menschen im Spiegel,
Richtig gerne mag!

Ich bin es mir wert,
Zu mir zu stehen!
Und den fantastischen Menschen,
In mir zu sehen!

Ich liebe mein Leben,
Bin voller Energie!
Heut geb ich wieder alles,
Bin fit wie nie!

Ich umarme mein wahres Ich,
Bin authentisch, bin ich selbst!
Vergesse Rollen und Masken,
Der äußeren Welt!

Ich behandle mich selbst,
Herzlich und liebevoll,
Mit Stärke und Begeisterung,
Denn ich bin toll!

RHYMESET® by Claudia – WORDS from CLAUDIA with LOVE
Für ein positives Mindset und ein glückliches, erfülltes und erfolgreiches Leben!

Die Motivation kommt mit der Aktion

Ich warte nicht,
Auf die Motivation!
Denn eines ist klar,
Sie kommt mit der Aktion!

Ich habe 24 Stunden,
Jeden Tag zu gestalten oder die Zeit zu verlieren!
Den richtigen Moment, um zu beginnen,
Muss ich selbst kreieren!

Denn der richtige Moment,
Kommt nie von allein!
Nur ich kann der Gestalter,
Des richtigen Moments sein!

Jeder Augenblick ist ein Geschenk,
Darum behandle ich ihn mit Bedacht!
Ist er einmal vergeudet,
Wird er nicht zurückgebracht!

Der allerbeste Moment,
War schon vor langer Zeit!
Der zweitbeste ist jetzt,
Es kann los gehen, ich bin bereit!

Ich kann gewinnen,
Durch reines Denken schon!
Wenn mein Geist stärker ist,
Als die Emotion!

Wer Fehler macht, der macht wenigstens

Geht mal was schief,
Lass ich nicht gewinnen Wut und Zorn!
Frag mich, was ich daraus lernen kann,
Und blicke nach vorn!

Fehler zu machen,
Das ist normal!
Ich will aus ihnen lernen,
Auf jeden Fall!

Denn habe ich erst,
Aus meinem Fehler gelernt,
Bin ich einen Schritt weniger,
Von meinem Ziel entfernt!

Wenn ich zurückgewiesen werde,
Oder eine Abfuhr bekomme,
Ist das nicht, was mich ausmacht,
Sondern ich nur eine neue Chance bekomme!

Gebe ich auf,
Dann hab ich erst versagt!
Denn bin ich erst oben,
Niemand nach meinen Stürzen davor fragt!

An meinen Fehlern zu verzweifeln,
Das bringt nicht viel!
Aus ihnen zu lernen,
Das ist das Ziel!

Ich glaube an mich und das Leben

Ich mache meinen Traum,
Zu einem Plan!
Und fange jetzt und sofort,
Damit an!

Ich will an mich glauben,
Und mein Bestes geben!
Anstatt immer nur,
von meinen Träumen zu reden!

Wenn ich mich nicht behindere,
Mein Leben zu gestalten,
Wird mich nichts und niemand,
Dabei je aufhalten!

Richtiges Denken gibt mir ein Leben,
Glücklich, erfüllt und fein!
Und ich kann für alle anderen,
Ein wertvoller Mitmensch sein!

Es ist nicht schlimm,
Wenn jemand anders denkt als ich!
Die Welt dreht sich weiter,
Und ich glaube immer noch an mich!

Ich bin, wer ich bin,
Verstelle mich nicht!
Drücke meine Liebe offen aus,
Und kreiere mein Leben im Licht!

37

Ich bleib bei mir

Ich kümmere mich um Dinge,
Die ich hab in der Hand!
Und lass die Dinge sein,
Die ich nicht beeinflussen kann!

Nur was ich verändern kann,
Geht mich was an!
An alles andere,
Denk ich nicht mal dran!

Gossip und Geschwätz,
Das lasse ich sein!
Und halte damit,
Meine Gedanken rein!

Denn rede oder denke ich,
über andere schlecht,
Ist es mein Gewissen,
Dass sich dafür bei mir rächt!

Ich akzeptiere andere,
Wie sie nun mal sind!
Bin ihnen mit Liebe im Herzen,
Immer wohlgesinnt!

Ich urteile nicht,
Ich bewerte nicht!
Denn ich will jeden lassen,
So wie er ist!

Selbstliebe und Authentizität

Die Liebe, die ich suche,
Ist bereits in mir!
Drum sag ich vor dem Spiegel:
„Ich liebe Dich!" und „Ich vertraue Dir!"

Ich liebe mich mehr als gestern,
Lasse die Vergangenheit zurück!
Lebe im Moment,
Und praktiziere Selbstliebe für mein Glück!

Ich bin mir meiner bewusst,
Lasse mich nicht abbringen!
Von meinen Plänen und Prioritäten,
Nur so kann Fortschritt gelingen!

Ich liebe Dich,
Ich liebe mich,
Ich liebe mein ganzes Leben!
Ich liebe es so zu leben eben!

Ich will authentisch leben,
Frei von gesellschaftlichem Zwang!
Ohne Rolle und Maske,
Mit mir im authentischen Einklang!

Ich liebe mich,
Und erkenne meinen Wert!
Und mache jeden Tag,
Zu einem Meisterwerk!

Das Glück liegt in mir

Glücklich zu sein,
Findet im Inneren statt!
Wer im Außen danach sucht,
Auf Dauer kein Glück hat!

Ich gebe niemandem,
Die Macht über mein Leben!
Um mir Glück oder Unglück,
Oder andere Emotionen zu geben!

Auch lasse ich nicht zu,
Dass eine Laune oder ein schlechter Tag,
Mir weismachen wollen,
Dass ich ein schlechtes Leben hab!

Ich lasse diese Emotion,
Einfach los!
Und schalte um, auf etwas Positives,
Alles andere wäre doof!

Ich ändere den Gedanken,
„Es ist, wie es ist!",
In „Es ist, was ich daraus mache!"
Und ändere damit die Geschicht!

Es ist ein Privileg,
Morgens aufzuwachen!
Zu atmen, zu lieben, zu lachen,
Und zu genießen so viele Sachen!

Bewusstheit und Präsenz

Bewusstheit ist die Präsenz,
Im Hier und Nun!
Drum ist immer JETZT der perfekte Augenblick,
Um etwas zu tun!

Das Glück liegt darin,
Aufmerksam zu leben, zu 100 Prozent!
Zuzuhören, da zu sein,
In diesem Moment!

Ich kann in jeder Sekunde,
Meine Gedanken bewusst wählen!
Jene die mir guttun,
Oder solche, die mich quälen!

Quälen sie mich,
Dann denke ich um!
Denn diese Gedanken festzuhalten,
Wäre doch dumm!

Ich widme mich den Dingen,
Die mir Freude bereiten!
Umgebe mich mit Menschen,
Die mich auf meinem Weg begleiten!

Ich liebe die Natur,
Und bin dankbar dafür!
Den Luxus sie täglich zu genießen,
Den gönne ich mir!

Die Magie des Augenblicks

Glück liegt in der emotionalen
Intensität des Augenblicks!
Wenn ich gedanklich woanders bin,
Bringt der schönste Moment NIX!

Jetzt kann ich da sein,
Jetzt kann ich es sehen!
Jetzt kann ich in die richtige Richtung,
Meines Lebens gehen!

Ich kann in jeder Sekunde,
Meine Gedanken darauf lenken,
Präsent und aufmerksam,
Dem Augenblick Qualität zu schenken!

Ich lasse nicht zu,
Dass ein Ereignis einst passiert,
Meinen Frieden im Hier und Jetzt,
Durch die bloße Erinnerung ruiniert!

Durch diese Präsenz,
Ist es der Augenblick, der zählt!
Und ich bin ein Magnet,
Für alles Gute, dass das Leben bereithält!

Will ich einen schönen Augenblick,
Für mich gestalten!
Muss ich mich vollkommen,
In meinem Ich entfalten!

Glaubenssätze erschaffen das Leben

Das Leben ist die Summe,
Der Geschichten,
Die ich mir erzähle!
Gedanken führen zu Handlungen,
Und Gewohnheiten, die ich wähle!

Es sind alte Glaubenssätze,
Die ich verwerfen will!
Mit RHYMESET° by Claudia,
Erreiche ich mein Ziel!

Darum erzähle ich mir fortan,
Nur noch gute Sachen,
Die mich dazu bringen,
Gute Dinge zu machen!

Sind Gedankenmuster schlecht,
Erkenne ich sie nun,
Und wandle sie ganz einfach,
In gute Glaubenssätze um!

Glaubenssätze, die mich fördern,
Die mir Nutzen bringen!
Die bewirken,
Dass mein Herz fängt an zu singen!

Denn ich kann erst,
Dann gewinnen,
Wenn mein Mindset es schafft,
Meine Emotionen zu bezwingen!

RHYMESET° by Claudia – WORDS from CLAUDIA with LOVE
Für ein positives Mindset und ein glückliches, erfülltes und erfolgreiches Leben!

Grenzen sind vom Menschen gemacht

Die Grenzen in meinem Kopf,
Hat die Gesellschaft gesteckt!
Sie für mich neu zu gestalten,
Mach ich zu meinem Projekt!

Ich schaue über den Tellerrand,
Denn da ist auch noch Platz!
Dafür braucht es meine Weitsicht,
Und meinen vollen Einsatz!

Mit meinen Gedanken,
Kann ich mein Traumleben erschaffen!
Bin mein Magier, mein Gestalter,
Kann einfach alles schaffen!

In dem ich nur,
Den positiven Gedanken glauben schenke!
Und meine ganze Aufmerksamkeit,
Nur auf diese Gedanken lenke!

Denn mein Kopf glaubt das,
Was ich ihm immerfort erzähle!
Also sag ich ihm, dass ich klug bin,
Alles schaffe und es mir an nichts fehle!

Und wenn meine Gedanken wieder verrücktspielen,
Dann merke ich schon,
Es wird wieder Zeit,
Für meine RHYMESET®-Affirmation!

Träume groß

Ich hab ein konkretes Ziel,
Und einen guten Plan!
Weiß genau was ich will,
Und wie ich's erreichen kann!

Gute Gewohnheiten und Rituale,
Fange ich mir an!
Ziehe so meine Träume,
In meinem Leben an!

Es gibt so viele Wege,
Die mir offenstehen!
Wenn ich Veränderung will,
Muss ich groß träumen und den harten Weg gehen!

Es ist die Herausforderung,
Die mich weiterbringt!
Und das Vertrauen in mich,
Dass mir alles gelingt!

Ich träume groß,
Lass alte Ufer zurück,
Um wunderschöne Küsten zu entdecken,
Und wachse Stück für Stück!

Alte Blockaden verschwinden,
Es eröffnen sich neue Möglichkeiten!
Und ich kann mit Klarheit und Vertrauen,
Mutig den neuen Weg beschreiten!

Mein bester Freund bin ich

Mein bester Freund,
Kann ich selbst sein!
Mache meine Gedanken,
Zu meinem Design!

Trainiere meine Gedanken,
Nur ich allein kann das tun!
Hürden werden zu Möglichkeiten,
Jetzt, hier und nun!

Mir wird niemals langweilig,
Auf diese Art!
Wenn ich mich fit halten will,
Gesund, erfolgreich und smart!

Ich stehe zu mir,
Liebe und respektiere mich!
Trage Dankbarkeit im Herzen,
Und bin zuversichtlich!

Ich glaube an die Magie,
Die positives Denken bringt!
An Chancen und Möglichkeiten,
Und an was mir damit gelingt!

Vor allem weiß ich,
Dass es mich erfüllt!
Weil mein Herz vor lauter Freude,
„Ich liebe es!" brüllt!

Mein größter Feind bin ich

Mein größter Feind,
Der bin auch ich selbst!
Mit dem, was ich über mich denke,
Nicht was jemand anderes von mir hält!

Nichts kann mich,
Je fertiger machen,
Als die Gedanken in meinem Kopf,
Diese Dämonen, diese Drachen!

Diese Bestien in meinem Kopf,
Erschaffe ich mir allein!
Will ich ein glückliches Leben führen,
Dann lasse ich sie sein!

Ich bin es, der meine Ängste nährt,
Und erlaubt, dass sie groß werden!
Dadurch schaffe ich Platz,
Für Leiden und Beschwerden!

Nichts ist so machtvoll,
Wie meine Gedanken!
Nichts hat so viel Kraft,
So viel Potenzial, aber auch so viele Schranken!

Mindset kann alles,
Es bringt mir Glück oder Leid!
Darum befreie ich mich von den Fesseln,
Der Eifersucht und dem Neid!

Raus aus der negativen Gedankenspirale

Ich spiele nicht die Opferrolle,
Den Gedanken mach ich zunichte!
Ich mach mich lieber zum Gewinner,
Meiner eigenen Geschichte!

Wenn meine Gedanken,
Am Herumjammern sind,
Wechsle ich die Platte im Kopf,
Bewusst und geschwind!

Ich halte mich fern,
Von Menschen der negativen Sorte!
Denn mein Unterbewusstsein,
Speichert stets ihre Worte!

Ich umgebe mich mit Menschen,
Die mich motivieren, um zu wachsen!
Vermeide Drama und Neid,
Entscheide mich erwachsen!

Ich verzeihe Menschen,
Die sich schlecht verhalten!
Lass mich von ihnen jedoch,
Nicht mehr zum Narren halten!

Alles, was mir dienlich ist,
Das werde ich denken!
Und negativen Gedanken,
Keine Aufmerksamkeit schenken!

Ich bin mein größtes Projekt

Ich bin mein größtes Projekt,
Meine Doktorarbeit!
Ich gebe nicht auf, an mich zu glauben,
Denn das ist gescheit!

Und braucht es noch so viele Neustarts,
Drücke ich auf Reset!
Fokussiere neu, fang von vorne an,
Und bin dabei bestimmt, wenn auch liebevoll und nett!

Arbeite an mir,
Jeden Tag,
Bis ich der Mensch bin,
Den ich wirklich mag!

Ich nehme die gesellschaftlichen Ketten ab,
Unsichtbar, dennoch schwer,
Und bin einfach ich selbst,
Und nicht irgendwer!

Ob ich am Ziel ankomme,
Liegt allein an mir selbst,
Denn wenn ich mich nicht aufhalte,
Niemand mich aufhält!

Mit dem richtigen Mindset,
Positiver und optimistischer Natur,
Kann ich aus jeder Begegnung lernen,
Und in Niederlagen Chancen sehen nur!

Ich leuchte meinen Weg zum Ziel

Ich erstrahle heller,
Als Millionen Sterne am Himmelszelt,
Und leite mich zum Ziel,
Welches ich selbst gewählt!

Ich leuchte wie die Sonne,
Bin mein eigener Leuchtturm,
Egal, ob bei Regen,
Nebel oder Sturm!

Ich bin mein Regenbogen,
Mein warmer Sonnenschein,
Mein strahlendes Licht,
Mein herzliches Daheim!

Ich bin mir selbst die Taschenlampe,
In der Dunkelheit!
Bin mein eigener Kerzenschein,
Meine strahlende Persönlichkeit!

Und wenn ich leuchte,
Dann vertraue ich,
Dass das, was ich verdiene und mir zusteht,
Auch findet mich!

Ich feiere meine Erfolge,
Strahle und scheine hell!
Meine Gewinne werden sichtbar,
Gewöhnlich wird zu speziell!

Exkurs Ernährung

Ein jeder nach Gesundheit,
Und einem langen Leben strebt!
Mit ungesundem Essen, Alkohol und Nikotin,
Aber so gar nicht danach lebt!

Ich trinke nicht,
Ich rauche nicht,
Ich ernähre mich bewusst!
Ich mache täglich Sport,
Spür pure Lebenslust!

Zucker, den vermeide ich,
Ich lass ihn einfach weg!
Auch hochverarbeitete Nahrungsmittel,
Tun der Gesundheit keinen Zweck!

In ihnen stecken Transfette,
Zucker und Zusatzstoffe!
Werden konserviert und verfügen kaum,
über Eiweiß und Ballaststoffe!

Haben Mangel an Vitaminen,
Da lässt sich nicht drum streiten!
Machen süchtig und dick,
Sind Auslöser von diversen Krankheiten!

Darum koche ich frisch,
Beinahe jeden Tag!
Auf den Teller kommt nur Gesundes,
Was mir schmeckt und was ich mag!

Exkurs Alkohol

Alkohol ist die einzige Droge,
Bei der ich mich erklären muss,
Dass ich lieber verzichte,
Auf ihren Genuss!

Ich fühle mich einfach,
besser und wohler ohne ihn!
Mag mich selbst viel lieber,
und bekomme alles besser hin!

Ich schlafe richtig gut,
Stehe früh auf!
Verspür keine Kopfschmerzen oder Übelkeit,
Bin immer gut drauf!

Lungere an keinem Tag,
Kaputt und müde herum!
Bin aktiv und kreativ,
Und immer in Schwung!

Aber unsere Gesellschaft,
Ist so vom Alkohol besessen,
Dass sie auf seine gesundheitsschädigenden Aspekte,
Ganz und gar vergessen!

Denn ebenso wenig,
Wie es die eine gesunde Zigarette NICHT gibt,
Der, der glaubt, es gäbe das gesunde Glas Alkohol,
Einem Irrtum unterliegt!

Alkohol verändert mich – Ich bin lieber einfach ich!

RHYMESET° by Claudia – WORDS from CLAUDIA with LOVE
Für ein positives Mindset und ein glückliches, erfülltes und erfolgreiches Leben!

Ich bin, was ich konsumiere

Ich konsumiere nur die Dinge,
Die mich glücklich machen!
Achte darauf, was ich esse, trinke, lese, höre,
Und schau nur gute Sachen!

Die Bilder von Nachrichten oder Filmen,
Es lässt sich nicht vermeiden,
Kann das Gehirn nicht,
Vom tatsächlich Erlebten unterscheiden!

Darum unterlasse ich es,
Solche Bilder aufzusaugen,
Und wähle nur Gutes,
Für meine Ohren und Augen!

Denn die Kriege dieser Welt,
Kann ich nicht verhindern,
Wenn Unruhe in mir selbst,
Den Frieden schon behindern!

Ich fange bei mir,
Und mit meiner Familie an,
Und arbeite kontinuierlich,
Und täglich daran!

Denn wenn ich mich sehne,
Nach Veränderung,
Der Mensch in meinem Spiegel,
Muss dafür etwas tun!

Gelassenheit und Leichtigkeit

Durch diese Sichtweise kann ich nun,
Mit Leichtigkeit durch mein Leben gehen,
Und die Ereignisse, die es mit sich bringt,
Mit Gelassenheit sehen!

Weil ich mir dadurch mein Leben,
Viel leichter mache,
Wenn ich über manche Dinge,
Gelassen hinwegsehe und lache!

Gelassenheit lässt sich trainieren,
Weil es eine aktive Entscheidung ist,
Die ich bewusst wähle,
Weil sie mein Glück beschließt!

Ich erkenne, dass ich die Wahl habe,
Leichtigkeit zu gewinnen,
Weil ich gelassen begegne,
Allen Herausforderungen, Menschen und Dingen!

Gelassen zu reagieren bedeutet nicht,
Alles immer gutzuheißen!
Es bedeutet nur die Ruhe zu bewahren,
Besonnen zu sein und die Nerven nicht wegzuschmeißen!

Ich weiß nun, jedes Gefühl,
Kann zu jederzeit möglich sein!
Ich entscheide mit meinen Gedanken,
Darüber ganz allein!

Ich erschaffe mir meine eigene Realität

Gedanken erzeugen,
Wie wir uns fühlen und uns verhalten,
Bestimmen unsere Sichtweise,
Und wie wir unser Leben gestalten!

Der Umkehrschluss,
Bedeutet was?
Wer glücklich sein will,
Der denkt sich das!

Mit RHYMESET° by Claudia,
Man höre und staune,
Gelingt mir das,
Denn RHYMESET° macht Laune!

Ich erschaffe meine Realität,
Mit meinem Denken,
Um mir ein positives Mindset,
Und ein wundervolles Leben zu schenken!

Ich gestalte mir ein farbenfrohes Lebensbild,
Male weit über die Ränder hinaus!
Erblühe selbst mitten im Winter,
Zum allerschönsten Blumenstrauß!

Und erschaffe mir mit RHYMESET° by Claudia,
Meine kunterbunte Welt,
Genau wie bei Pippi Langstrumpf,
So wie sie mir gefällt!

Visualisieren und Manifestieren

Alles, was es gibt,
Mal mit einem Gedanken begann!
Visionen werden Realität,
Da glaub ich fest daran!

Was ich denken kann und fühlen,
Das kann ich auch erreichen!
Visualisieren, dankend empfangen,
Allein die Zweifel müssen weichen!

Darum träume ich groß,
Und erzähl es nicht,
Damit durch skeptische Neider,
Mein Traum nicht zerbricht!

Dann lass ich los und bin sicher,
Dass ich schon am Ziel bin!
Und fühle große Freude,
Bereits im Herzen drin!

Mein Herz ist offen und bereit,
All meine Wünsche zu empfangen!
Um das Leben meiner Träume,
Zu erlangen!

Ich träume groß, ich träume schön,
Mit Liebe fällt das leicht,
Und die Erfüllung fließt zu mir,
Die für mein Leben reicht!

Visualisieren und Manifestieren

Ich visualisiere,
Jeden Tag,
Das Best-Case-Szenario meines Lebens,
So wie ich es mag!

Benutze dabei all meine Sinne,
Erstelle ein Bild oder einen Film,
Und sehe, höre, fühle, rieche, schmecke,
Das Leben, das ich will!

In diesem Film seh ich mich,
In meiner Vision,
Voller Liebe und so glücklich,
Ich freue mich schon!

Und alles Gute fließt zu mir,
Ich empfange es ganz mühelos!
Wohlstand auf allen Ebenen,
Fällt mir in den Schoß!

Denn ich habe es verdient,
Dass das Gute zu mir kommt!
Durch positives Mindset und Zuversicht,
Werde ich belohnt!

Jeden Morgen und jeden Abend,
Sag ich meine Rhymesets* auf!
Visualisiere überglücklich und dankbar,
Und freue mich darauf!

Meine Vision

über mich, das Dichten und Mindset

Geboren und aufgewachsen,
in Wels, Lichtenegg!
Ein quirliges blondes Mädchen,
Lustig, sportlich und keck!

Schon in jungen Jahren,
Lag mir das Schreiben im Blut!
Eine Autorin wollte ich werden,
Wie Astrid Lindgren so gut!

Ich schrieb ein Buch,
Mein Vater ließ es abtippen, ich zeichnete den Einband!
Bis es eines Tages,
In der Schule einfach verschwand!

Handgeschieben habe ich es noch,
Doch es wäre sehr schön!
Würde ich mein Buch „Die Sonnblumenkinder"
Wieder einmal sehen!

Mit 15 machte ich eine Friseur Lehre,
Und später auch den Meisterbrief!
Bis mich die weite Welt,
Zum Reisen zu sich rief!

Ich reiste ein paar Jahre,
Rund um die USA!
Nach Mexiko, Kanada, Südostasien,
Und nach Australien sogar!

RHYMESET° by Claudia – WORDS from CLAUDIA with LOVE
Für ein positives Mindset und ein glückliches, erfülltes und erfolgreiches Leben!

Zwischendurch arbeitete ich,
Um Geld zu verdienen, welches verbraucht war bereits!
Als Animateurin und Skilehrerin,
Auf Rhodos in Griechenland und in Arosa in der Schweiz!

Zurück in Österreich,
Habe ich meinen ersten Sohn Cai zur Welt gebracht!
Machte mit 30 die Matura nach,
Und studierte Englisch und Kommunikationswissenschaft!

Dann traf ich mit Stefan,
Nicht nur den Papa für Cai, nach dem er sich so sehnte!
Sondern auch den Mann an meiner Seite,
Der mir zum Glück noch fehlte!

Während des Studiums,
Mein zweiter Sohn Liam zur Welt kam!
Die Sponsion feierte ich,
Mit meinen zwei Kindern im Arm!

In meiner Rolle als Mama,
Da ging ich auf!
Vorlesen, spielen, spazieren gehen,
Da stand ich drauf!

Liebte es, Ausflüge mit ihnen zu machen,
In die Berge oder zu den Seen!
Sie zum Schlittenfahren zu begleiten,
Oder ihnen beim Springen ins Wasser zuzusehen!

Auch mit den Kindern Hausaufgaben zu machen,
Und zu lernen, machte mir Spaß!
Ihnen eine gute Bildung zu ermöglichen,
Bedeutete mir was!

RHYMESET® by Claudia – WORDS from CLAUDIA with LOVE
Für ein positives Mindset und ein glückliches, erfülltes und erfolgreiches Leben!

Halbtags arbeitete ich bei einem Welser Magazin,
Als Leiterin der Redaktion!
Schrieb enthusiastisch Artikel,
Doch der Chef war ein Choleriker und zu klein war der Lohn!

Darum nahm ich das Job-Angebot,
Der Stadt Wels dankend an!
Und arbeite dort gerne,
Eben seit dann!

Als die Kinder größer wurden,
Drohte meine Rolle als Mama zu verschwinden!
Sie brauchten mich nicht mehr so,
Darum musste ich mich neu erfinden!

Das Schreiben und das Dichten,
Mich ohnehin niemals freigab!
Zu Geburtstagen und Festen,
Ich meine gereimten Werke zum Besten gab!

Es war im Dezember 2023,
In einer Nacht,
Als ich mit der Idee,
Eines Weihnachtsgedichtes aufgewacht!

Als Cover der Karte,
Wählte ich ein Bild,
Welches ich zeichnete,
Als ich war noch ein Kind!

Die Papierwahl dafür,
Fiel auf die handgeschöpfte Sorte!
Mit Schleifen und Herzen,
Wurden verziert noch meine Worte!

RHYMESET° by Claudia – WORDS from CLAUDIA with LOVE
Für ein positives Mindset und ein glückliches, erfülltes und erfolgreiches Leben!

Ich gründete ein Kleinunternehmen,
WORDS from CLAUDIA with LOVE!
Womit ich mich geschwind,
In's Glückwunschkarten-Business warf!

Seither gestalte ich Karten,
Für alle Anlässe!
Geburten, Geburtstage, bis hin zu Beerdigungen,
Sogar ein Gedicht für die Mitarbeiter-Presse!

Das Thema Mindset,
Brennt seit geraumer Zeit in mir!
Die Bücher, die ich dazu las,
Auf der letzten Seite verrate ich Dir!

Gereimtes Mindset – kurz Rhymeset*,
So nannte es ich!
Würde noch viel eingängiger sein,
Leichter zu merken und Spaß machen, sicherlich!

Man kann dazu tanzen,
Man kann dazu singen,
Man kann dazu fröhlich,
Und ausgelassen springen!

Und so reimte ich los,
Und sage mir jeden Tag,
Meine gereimten Affirmationen,
Wie schön das Leben ist und wie sehr ich mich mag!

Wie fit ich bin,
Und voller Energie!
Und mache seit dem Sport,
So viel wie zuvor noch nie!

RHYMESET* by Claudia – WORDS from CLAUDIA with LOVE
Für ein positives Mindset und ein glückliches, erfülltes und erfolgreiches Leben!

Stecke mir Ziele,
Und verfolge sie mit Disziplin!
Geh jeden Tag durch den Wald, turne und tanze,
Und setz mich zum Schreiben hin!

Jeden Morgen, wenn ich aufwache,
Und abends vor dem Schlafen auch,
Spüre ich ein wundervolles Gefühl,
Im Herzen und im Bauch!

Ein Gefühl,
Dass ich mich selbst habe gefunden!
Dass ich glücklich sein kann,
Auch in schweren Stunden!

Denn ich bin allein verantwortlich,
Für meine Erfolge und für mein Glück!
Mit Rhymeset° Affirmationen,
Motiviere ich mich – das ist der Trick!

Ich bin dankbar dafür,
Dass ich angekommen, auf diesem Weg!
Und wie glücklich es mich macht,
Und wie sehr es mich bewegt!

Ich bin der Pilot meines Lebens,
Nicht mehr nur Passagier!
Die Entscheidungen, die ich treffe,
Gefallen mir!

Und ich bin dankbar,
Für alles Gute, das ich habe!
Für meine Familie, Liebe, Gesundheit, Freunde,
Und für meine Gabe!

RHYMESET° by Claudia – WORDS from CLAUDIA with LOVE
Für ein positives Mindset und ein glückliches, erfülltes und erfolgreiches Leben!

RHYMESET° by Claudia

Gereimte motivierende und inspirierende Affirmationen von

Mag. Claudia Schmuck

Für ein positives Mindset
und ein glückliches, erfülltes und erfolgreiches Leben!

Foto: Inge Streif Photography

RHYMESET° by Claudia – WORDS from CLAUDIA with LOVE
Für ein positives Mindset und ein glückliches, erfülltes und erfolgreiches Leben!

WORDS
from
CLAUDIA
with
LOVE

Autoren, die mich inspirierten

Astrid Lindgren	– Pippi Langstrumpf
N.H. Kleinmann, Tom Schulman	– Der Club der toten Dichter
Richard Bach	– Illusionen
Rhonda Byron	– The Secret
	– The Power
	– The Greatest Secret
Paulo Coelho	– Der Alchemist
Don Miguel Ruiz	– Die vier Versprechen
	– Das fünfte Versprechen
	– The Mastery of Love
Og Mandino	– The Greatest Salesman
	– A better Way of Life
	– The Choice
Matthew McConaughey	– Greenlights
Hector Garcia, Francesc Miralles	– Ikigai
Dr. Gladys McGarey	– Was ein gutes Leben ausmacht
Joseph Nguyen	– Hör auf zu glauben, was du denkst
Wim Hoff	– Nie wieder krank
David Schwartz	– Denken Sie groß
Robert Waldinger, Marc Schulz	– The Good Life
Dale Carnegie	– Wie man Freunde gewinnt
Claude Bristol	– Die Macht des Glaubens
Viktor E. Frankl	– … trotzdem Ja zum Leben sagen
Christian Bischoff	– Die Magie des Denkens – Film
Deepak Chopra	– Meditationen
Liebscher & Bracht	– Übungen u. Tipps gegen Schmerzen

Außerdem inspirierten mich

Sonja Kriz, Yoga_Inning; Regina Fischer, Yoga und Nuad Thai Yoga; Birgit Seelmaier, Bodyheart - Body Art; Elisabeth Williams, Ganzheitliches Coaching; Aiset Okajeva, Lux_berry Schokoerdbeeren; Gabriele Muckenhuber, durch ihre Leidenschaft zum Singen; Dai-Viet Tran, der mich zur Selbstständigkeit ermutigte – ICH DANKE EUCH ♡

RHYMESET° by Claudia – WORDS from CLAUDIA with LOVE
Für ein positives Mindset und ein glückliches, erfülltes und erfolgreiches Leben!

Notizen

RHYMESET® by Claudia

Gereimte motivierende und inspirierende Affirmationen von

Mag. Claudia Schmuck

Für ein positives Mindset
und ein glückliches, erfülltes und erfolgreiches Leben!

Gedanken erzeugen,
Wie wir uns fühlen und uns verhalten,
Bestimmen unsere Sichtweise,
Und wie wir unser Leben gestalten!

Der Umkehrschluss,
Bedeutet was?
Wer glücklich sein will,
Der denkt sich das!

Denn die gute Nachricht ist,
Ich hab's in der Hand!
Bin in jeder Sekunde,
Mein Gedanken-Lieferant!

RHYMESET® by Claudia – WORDS from CLAUDIA with LOVE
Für ein positives Mindset und ein glückliches, erfülltes und erfolgreiches Leben!

WORDS
from
CLAUDIA
with
LOVE